LES
ASSOCIATIONS

AU POINT DE VUE

HISTORIQUE ET JURIDIQUE

PAR

ÉDOUARD CLUNET

AVOCAT A LA COUR DE PARIS

PLAN DE L'OUVRAGE

2ᵉ tirage.

PARIS

MARCHAL ET GODDE, 27, PLACE DAUPHINE

Libraires de la Cour de Cassation

1911

Les Associations

AU POINT DE VUE

HISTORIQUE ET JURIDIQUE

PAR

Edouard CLUNET

Avocat à la Cour de Paris.

TOME PREMIER, 1909. — Un beau vol. in-8 d'environ 600 pages.
   Tirage de luxe sur papier vergé d'Ecosse, couverture Japon,
      titre en deux couleurs (600 exemplaires)............ 7 fr. 50
   Tirage sur Hollande (25 exemplaires)............. 20 fr.

TOME DEUXIÈME (en préparation).

Le XXe siècle sera le « siècle de l'Association ».

L'effort individuel ne suffit pas aux tâches de plus en plus complexes de la vie moderne. Le groupement des énergies particulières en un faisceau qui s'appelle l'Association est, dans tous les domaines, la condition nécessaire de l'action efficace.

Des Associations de toute forme, de toutes tendances, de toute activité, éclosent sous nos yeux en une floraison sans cesse renouvelée.

Rien ne se fonde, rien ne se détruit que par l'Association.

Le présent ouvrage s'est proposé d'étudier les Associations dans le plan du droit positif actuel, en aidant à l'intelligence du présent par un coup d'œil jeté sur le passé.

TABLE DES MATIÈRES

—

PAGES

CLUNET. — Journal du Droit international privé : un an (1911 : 38e année) : { Pays de recouvrement postal. **22** francs. / Les autres pays . . . . **25** francs. Collection : 37 vol. in-8 avec Tables annuelles.

TABLES GÉNÉRALES du CLUNET, 4 très forts vol. in-8 sur beau papier, de plus de mille pages, chacun : **100** francs. (Répertoire pratique de droit international).

Fin de la Table des matières du Tome premier.

MARCHAL ET GODDE, libraires de la Cour de cassation,
27, place Dauphine, à Paris.

MACON, PROTAT FRÈRES, IMPRIMEURS

CLUNET. — *Journal du Droit international privé*: un an (1911: 38ᵉ année) : Pays de recouvrement postal. **22** francs. Les autres pays. **25** francs. Collection : 37 vol. in-8 avec Tables annuelles.

TABLES GÉNÉRALES du CLUNET, 4 très forts vol. in-8 sur beau papier, de plus de mille pages, chacun : **100** francs. (Répertoire pratique de droit international).

LES ASSOCIATIONS

Le xxe siècle sera le « siècle de l'Association ».

L'effort individuel ne suffit pas aux tâches de plus en plus complexes de la vie moderne. Le groupement des énergies particulières en un faisceau qui s'appelle l'Association est, dans tous les domaines, la condition nécessaire de l'action efficace.

Des Associations de toute forme, de toutes tendances, de toute activité, éclosent sous nos yeux en une floraison sans cesse renouvelée.

Rien ne se fonde, rien ne se détruit que par l'Association.

Le présent ouvrage s'est proposé d'étudier les Associations dans le plan du droit positif actuel, en aidant à l'intelligence du présent par un coup d'œil jeté sur le passé.

LES ASSOCIATIONS

AU POINT DE VUE

HISTORIQUE ET JURIDIQUE

PAR

Édouard CLUNET

AVOCAT A LA COUR DE PARIS

———

PLAN DE L'OUVRAGE

———

2ᵉ tirage.

PARIS

MARCHAL ET GODDE, 27, Place Dauphine

Libraires de la Cour de Cassation

1911

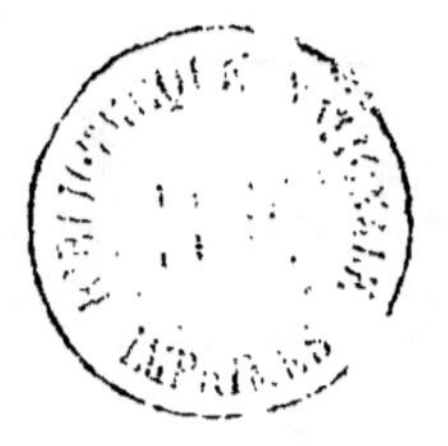

PLAN DE L'OUVRAGE

Celui qui veut étudier le droit associationnel ou d'association[1] dans le plan actuel du droit positif français se trouve en face d'une construction appartenant à plusieurs époques. Les styles s'y superposent et leur bizarrerie trahit une inspiration tout à la fois généreuse et mesquine. Il semble que les architectes qui se sont succédé dans l'édification de cette œuvre aient eu d'abord la conception d'un monument grandiose, puis l'aient rapetissé de peur qu'il ne leur tombât sur la tête (V. infra, n° 370, n° 499 *bis* et les notes).

1. Dans le langage juridique, le terme Association, dans son acception la plus étendue, désigne tout groupement de personnes organisé en vue d'un but commun, lucratif ou non lucratif (Cf. Houpin, *Traité général des sociétés*. Paris, Larose, 1907, 4ᵉ éd., p. 1. — Ch. Lyon-Caen et Renault, *Traité de droit commercial* (des sociétés). Paris, Pichon, 1890, t. II, p. 1).

En ce sens large, il ne semble pas que, pour les juristes, l'association soit à la société ce que le genre est à l'espèce (Contra : P. Pic, *Des sociétés commerciales*, Rousseau, 1908, t. I, p. 3 : Traité gén. de droit commercial de Thaller) ; ils entendent généralement l' « association » comme synonyme de « société ». « Les sociétés ou associations sont aussi anciennes que le monde » (Rousseau, *Des sociétés commerciales*. Paris, Rousseau, 1902, t. I, p. 1). Même synonymie chez les historiens : « une société ou association est un concours de plusieurs individus coopérant pour atteindre un but déterminé » (Taine, *Principes sur les sociétés* ; Taine, sa vie, sa correspondance, III. Paris, 1905, p. 341).

Les deux expressions, dans le droit appliqué, se sont différenciées.

Le droit associationnel n'est pas un, comme par exemple le droit du mariage et du divorce, le droit des hypo-

« Les juristes ont pris l'habitude d'opposer la société à l'association » (Pic, 1908, ibid.).

Le vocable « société » a été spécialement affecté aux groupements organisés dans un but lucratif, celui « d'association » à ceux qui, par nature, sont sans but lucratif.

Cependant, comme les perversions sont fréquentes dans la langue du droit, suivant la remarque de P. Pont, les deux vocables ne sont pas restés attachés à leurs destinations respectives. La confusion a vite brouillé les mots.

Le mot « association » est employé pour désigner les associations en participation (C. comm., art. 47) qui recherchent un profit pécuniaire, en même temps que celui de « société » dénomme des groupements comme les sociétés d'assurances mutuelles (art. 8, Décret du 22 janvier 1868), qui ne sont pas des sociétés, si cette appellation est réservée aux groupements poursuivant un bénéfice, puisqu'elles n'ont pour objet que de répartir des pertes (Goirand, *Traité des sociétés par actions*. Paris, 1895, I, p. 39).

Il en est de même pour les sociétés de secours mutuels (Loi du 1er avril 1898), pour les sociétés secrètes (Décret du 28 juillet 1848, art 13), pour les sociétés de divertissement comme les sociétés de pêcheurs à la ligne (L. du 15 avril 1829 et du 20 janvier 1902), etc. A tort le législateur les qualifie de « Sociétés » puisque leur activité est désintéressée.

C'est la méconnaissance de l'acception reçue qui consiste à qualifier de « société » les agrégations *à* but lucratif, et « d'association » les agrégations *sans* but lucratif [a].

De telle sorte qu'il faut se passer d'une nomenclature rigoureusement scientifique, et se contenter en ce domaine, comme en beaucoup d'autres, de l'à peu près (Cf. le livre original d'Edmond Picard, *Philosophie de l'à peu près*. Bruxelles, Larcier, 1908).

Ici, l'à peu près donne cette formule : en pratique, et, sauf exception,

---

a) Un bel exemple de confusion terminologique entre les vocables « association » et « société » est fourni par l'art. 66 de la loi sur les sociétés du 24 juillet 1867 : les *associations* de la nature des tontines et les *sociétés* d'assurances sur la vie, mutuelles ou à primes, restent soumises à l'autorité et à la surveillance du gouvernement ».

Or, si les tontines sont des « associations » parce qu'elles ne poursuivent pas de but lucratif, il faudrait ne pas appeler « sociétés » les Mutuelles, qui ne recherchent pas davantage un gain pécuniaire.

thèques, le droit des la faillite, le droit maritime [1],
— comme pourraient l'être le droit industriel, le droit
littéraire et artistique [2]. Il est variable et relatif.

Nous nous expliquons. Si un maçon ou un médecin veut
prendre femme d'abord et divorcer ensuite, les règles juridiques qui présideront à l'union comme à la désunion con-
jugale de ces citoyens seront les mêmes. Si un débitant de
vin ou un banquier fait de mauvaises affaires, — malgré
la différence de leurs négoces, — ils seront mis en faillite
suivant une même cérémonie, dont un syndic conduira les
rites d'après le même graduel.

Dans notre domaine, il n'en ira pas ainsi.

Si deux ou plusieurs individus projettent de s'associer
en vue d'un bénéfice à réaliser par des voies non commerciales, ils se conformeront aux prescriptions des art. 1832
à 1873 C. civ. S'ils entendent rechercher ce bénéfice, à
l'aide d'opérations commerciales, ils devront tenir compte
des art. 18 à 64 C. comm., des lois du 21 juillet 1867,
du 1er août 1873 et du 9 juillet 1902.

on appelle « association » une société *sans* but lucratif, et « société »
une association *à* but lucratif.

Le présent ouvrage est consacré aux associations à but idéologique,
économique et de divertissement, c.-à-d. à celles dans lesquelles, suivant la formule de l'art. 1 de la loi du 1er juillet 1901, « deux ou plusieurs personnes mettent en commun, d'une façon permanente, leurs
connaissances ou leur activité dans un but autre que de partager des
bénéfices ».

L'usage leur a réservé l'appellation d'*associations sans but lucratif* (V.
infra, p. E, et nos 344 et s.).

1.-2. Il faut distinguer la codification et l'unité des lois. La « codification » est la condensation ou la consolidation des lois éparses sur
une même matière en un seul Corps ou Code : le Code civil, le Code
de commerce, le Code pénal, le Code rural, etc. L'unité des lois sur

Mais si ces mêmes associés poursuivent un avantage — matériel sous un certain aspect, parce qu'il sera économique et aura pour objet la défense de leurs intérêts professionnels industriels, commerciaux ou agricoles, — immatériel, sous un autre, parce qu'il ne se traduira pas par un profit pécuniaire — ils devront s'orienter différemment. Après avoir opéré un départ délicat entre les deux natures d'associations,

une matière existe quand ses dispositions, quels que soient les sujets ou les objets du droit, offrent un caractère d'invariabilité et de non-pluralité.

Le droit maritime français n'est pas codifié, mais il est unique dans les rapports juridiques gouvernés par la loi française ; les navires, leurs équipages, leurs cargaisons ne sont pas soumis à des dispositions différentes suivant le point qu'ils choisissent pour leur direction sur la rose des vents. Notre confrère du barreau de Paris, Me Delarue, qui a une grande expérience en la matière, a préparé un intéressant *Projet de Code maritime* (Paris, imprim. Schlacher, 1903), rédigé pour notre Association française de droit maritime (Présid., Me Autran, du barreau de Marseille).

Au contraire, le droit intellectuel n'est ni codifié, ni unifié. Le créateur d'un dessin ou modèle ayant à la fois un caractère industriel et artistique se demande s'il n'a droit qu'à la protection de la loi nouvelle du 11 mars 1902, extensive de celle des 19-24 juillet 1793 sur la propriété littéraire et artistique [a], ou s'il peut encore se réclamer de la loi du 18 mars 1806 sur les dessins de fabrique? L'architecte [b] et le sculpteur (jusqu'à la loi précitée du 11 mars 1902), le photographe [c], ne savent à quelles dispositions des lois protectrices des productions de l'esprit, ils doivent se vouer, eux et leurs œuvres.

Notre confrère Philippon, député et archiviste paléographe, avait proposé au Parlement un projet de codification de la propriété littéraire et artistique. Prise en considération par la Ch. des Députés le 10 février 1890 (Débats parlem., 1890, p. 229) et rapportée par son auteur le 3 juillet 1890, la proposition n'a pas abouti.

------

a) Consult., sur la loi du 11 mars 1902 (loi Soleau), l'excellent *Traité de la propriété littéraire et artistique* de Pouillet (3e éd. par MM. G. Maillard et Ch. Claro). Paris, Marchal et Billard, 1908, nos 80 *bis*, 80 *ter* (historique, théorie et jurisprudence).

b) V. Pouillet, Maillard et Claro, op. cit., 1908, nos 95 et s.

c) Ibid., nos 100 et s.

il leur restera à se débrouiller au milieu de la grande
famille des « associations sans but lucratif » [1]. Ils n'auront
pas trop de toute leur perspicacité pour s'y reconnaître.

[1]. V., sur la terminologie des Associations, et les raisons de notre
préférence pour la dénomination « Associations sans but lucratif », infra,
nos 345 et s.

Pothier appelait ces Corps des « êtres ou des personnes *intellectuelles* ».
Pothier, *Traité des personnes*, etc. (éd. Bugnet). Paris, Cosse et Marchal, 1861, t. XI, p. 78.

Edmond Picard a proposé l'excellent terme de *personnes collectives*,
infra, p. 412, note 3.

L'expression est juste, à condition de lui attribuer une valeur géné-
rique, et de l'étendre à toutes les personnes morales, quel que soit le
but par elles poursuivi, lucratif ou non lucratif. Spécifiquement et appli-
quée aux associations ici étudiées, elle deviendrait inexacte, car la
caractéristique de ses associations est précisément de ne rechercher
aucun lucre.

Elles rentrent dans le *genre* des « personnes collectives », mais elles
constituent l'*espèce* : associations sans but lucratif.

On les a aussi appelées *associations idéologiques* (Fr. Bernard, v° *Association*, Gr. Encyclop., t. IV, p. 284). Le Code civil allemand de 1900
se rattache à cette terminologie ; ses art. 21 et s. partagent les associations à but idéal en associations *sans* but économique et *à* but économique, et subordonnent leur personnification à des conditions différentes.

La dénomination d' « associations idéologiques » manque à la règle
scolastique de la définition, qui est de convenir *omni et soli et semper*.
Elle comprend une partie des associations sans but lucratif : les associations religieuses, politiques, morales, scientifiques, littéraires, etc.

En revanche, il est difficile d'y faire rentrer les associations de divertissement telles que les Cercles, les Clubs, les associations de tir, de
musique, de gymnastique, de pêche à la ligne, de chasse, de natation, de
patinage, de foot-ball, de courses à pied, en vélo, en moto, en auto, en
aéro [a], et toutes ces associations de sports variés, dont les « déclarations »
figurent quotidiennement aux annonces légales du Journal officiel. Ces
associations ont l'ambition, non de réaliser une idée, mais de procurer à
leurs membres du bien-être, un divertissement, un exercice hygiénique.

A titre d'exemple, voici l'art. 1er des statuts d'un Cercle important de
Paris : « Son but est de former une réunion d'hommes de bonne com-

---

a) Il y a déjà un journal l'*Aéro*, 22 octobre 1908 (8e num.), Dir. M. Faffiotte,
Paris, 1908, rue de Courcelles. — R. de Gourmont, *L'Aérobus*, Merc. de Fr.,
16 nov. 08, p. 294.

Nos associés s'intéressent-ils à l'agriculture et souhaitent-ils unir leurs efforts pour l'encourager ? Ils se référeront à la loi du 21-25 mars 1851, modifiée par le décret-loi du 26 mars 1852, sur les Comices agricoles.

Sont-ils propriétaires et veulent-ils s'associer pour l'exécution et l'entretien de travaux concernant leurs biens ruraux ? C'est la loi du 21 juin 1865 sur les associations syndicales, modifiée par la loi du 22 décembre 1888 et le règlement du 9 mars 1894, qui les régit. Que ce terme de « syndicat », qui a aujourd'hui la valeur d'un mythe [1], ne les égare pas : il n'a aucun rapport avec son acception contemporaine. D'ailleurs, qu'ils en profitent sans chercher à comprendre, — leur syndicat, en tant qu' « agricole » jouira d'une capacité plus étendue que s'il était « professionnel [2] ».

Est-ce, au contraire, dans une vue d'enseignement qu'ils entendent réunir leurs efforts ? La loi du 12 juillet 1875 sur

pagnie, ayant la faculté de lire les journaux, brochures et livres nouveaux, de dîner ensemble et de jouer les seuls jeux de commerce » (le Grand Cercle, 16, Boulevard Montmartte, v. infra, p. 15).

Il en est ainsi pour un grand nombre d'associations où « le plaisir de la société se cultive entre les amis par une ressemblance de goût sur ce qui regarde les mœurs » (La Bruyère, *Caractères* ; V., De la société et de la conversation) ; leur but est honnête ; il n'a rien « d'idéologique. »

1. V. infra, p. 439, et ibid., note 4.

2. « Notre projet revient, somme toute, à étendre à tous les Syndicats de la loi de 1884 le bénéfice d'une situation dès longtemps reconnue par l'usage et par la loi... qui a été réservée jusqu'ici à une partie d'entre eux, aux seuls syndicats agricoles. » Millerand, député, anc. min. du Commerce, disc. au Cercle Voltaire, à Bordeaux, 7 nov. 1908. Journ. des Débats, 9 nov. 1908, p. 3, col 1.

Il est évident que les art. 5 et 6 de la loi sur les Syndicats professionnels de 1884 constituent une régression sensible sur l'art. 3 de la loi de 1865 relative aux Syndicats agricoles au point de vue de la capacité des associations. On nous promet de faire disparaître cette anomalie.

Cependant les Syndicats agricoles, pas plus que les Syndicats professionnels, ne peuvent faire des actes de commerce et cela, malgré les lois

la liberté de l'enseignement supérieur leur présente son titre II : Des associations formées dans un dessein d'enseignement supérieur.

N'ont-ils en vue que leurs intérêts professionnels ? La loi du 21 mars 1884 sur les syndicats professionnels sera leur charte associationnelle.

Mais si, par hasard, le groupe en formation se composait d'ingénieurs, d'architectes, d'artistes-peintres, d'avocats, aucune loi, jusqu'en 1901, ne leur permettait de s'agréger ; car la loi de 1884 n'est pas faite pour tous les citoyens, mais seulement pour les ouvriers, les employés et leurs patrons. Les professions libérales, quantité négligeable, sont exclues du droit professionnel (V. infra, n° 373).

Par une singulière anomalie, si le groupe en question était formé de médecins, de chirurgiens-dentistes, de sages-femmes, l'ostracisme qui frappe les travailleurs de l'intelligence se tempérait d'une exception. La bienveillance parlementaire a réussi à glisser, dans la loi organique du 30 novembre 1892 sur l'exercice de la médecine, un article 13 étendant aux thérapeutes le bénéfice du droit syndical.

Nos intéressés auraient-ils l'intention de s'associer uniquement pour s'assister les uns les autres ? Leur canon se trouvera dans la loi du 1er avril 1898 sur les sociétés mutuelles.

Voici qu'après des alternatives d'espoir et de déception, le droit commun se dégage laborieusement des

des 5 novembre 1894, 17 novembre 1897 et 19 avril 1905 (Cassation crim., 29 mai 1908, Bull. de l'office du Travail, 1908, p. 272).

disputes parlementaires, sous la forme de la loi du 1er juillet 1901 ; il rayonnera pour tous, *jus lucet omnibus*.

Désormais, on est autorisé à croire que pour s'associer en paix, il suffira de respecter les lois de police et de sûreté (art. 3 C. civ.), et de se conformer aux principes généraux des art. 1, 2 et 3 de la loi nouvelle. N'est-on pas sorti de l'âge du droit spécial et des lois exceptionnelles ? Le droit naturel [1] n'est-il pas reconquis ?

Il faut quitter cet espoir.

D'abord, la loi de 1901 a encore ses suspects.

Si l'on s'associe pour vivre en commun, sous le même toit et à la même table, en priant ensemble, en portant les mêmes habits et en s'engageant d'honneur à rester pauvre, chaste et obéissant, le péril social devient évident. Il est conjuré à l'aide des art. 13 à 18 de cette même loi du 1er juillet 1901, qui instaurent pour les Congrégations religieuses un régime spécial, prohibitif de fait.

Puis le droit commun maintient les droits particuliers qui préexistaient (art. 21, 2ᶜ paragr.).

On le voit. Le droit associationnel se présente comme une construction importante. Le Labyrinthe aussi était un bel édifice.

Le législateur de 1901 avait hâte de faire aboutir la

---

1. V. M. Viviani, ministre du travail, etc., infra, n° 498 *quater*, note 2.

Qu'est-ce que le « droit naturel » dont tout le monde parle et que personne n'a rencontré ? Lire l'intéressant chapitre « le Droit naturel » dans G. Tarde, *Les transformations du droit*. Paris, Alcan, 2ᵉ éd., 1894, p. 142.

« Qu'on se garde au surplus de croire que l'expression « droit naturel » a un sens fixe. C'est un de ces mots caoutchouc qui abondent dans la science juridique et qui suscitent des quiproquos sans cesse renaissants. » Edmond Picard, *Le Droit pur*, Paris, Flammarion, 1908, p. 127 et s.

partie capitale de son œuvre, c'est-à-dire de consacrer la liberté d'association ; ballottée depuis 30 ans, de législature en législature, à travers 33 propositions de lois, elle risquait fort, comme la vérité, de se morfondre au fond de son puits [1].

A parfaire sa tâche, le législateur s'exposait à un nouvel échec. Aussi ne s'est-il pas attardé aux détails. Le calcul était prudent ; mais il n'allait pas sans inconvénients. On s'en aperçoit aujourd'hui. Nous avons une ébauche de loi ; son développement est resté au bout de la plume du législateur.

De l'édifice nouveau, l'architecte pressé a cependant bâti l'escalier ; il est à trois paliers : les associations « non déclarées », les associations « déclarées », les associations « reconnues d'utilité publique ».

Les premières sont du même coup licites et incapables ; les secondes sont gratifiées d'un statut laconique, et les troisièmes remises à l'omnipotence du Conseil d'État. La loi renseigne encore sur les prohibitions, sur les sanctions pénales ou civiles dont elle frappe, le cas échéant, les nouvelles associations ; mais elle est silencieuse sur les détails de leur vie civile [2].

---

1. V. le résumé lumineux des tentatives faites pour instaurer le droit d'association, Taine, *L'Association*, fragment préparé pour le dernier volume des *Origines de la France contemporaine* (inachevé), *Taine, sa vie et sa correspondance*. Paris, Hachette, IV, 1907, p. 355.

2. Mêmes critiques contre la législation belge actuelle : « Nulle part l'association n'est légalement libre comme en Belgique, et nulle part, elle n'est, comme en Belgique, légalement abandonnée. » A. Vermeesch, *Le Belge et la personne civile*. Bruxelles, 1908, p. 8.

Le législateur allemand s'est comporté au rebours du législateur français et belge. Dans le nouveau Code civil allemand en vigueur depuis

Comment se comporteront les associations « non déclarées » qui sont tout à la fois douées d'existence et privées de capacité? Quel traitement réserver à ces associations « légalement abandonnées [1] » ?

A quelle législation, à quels précédents, à quelles créations jurisprudentielles les associations « non déclarées » ou « déclarées » demanderont-elles leurs règles de conduite ? quelles dispositions devront-elles insérer dans leurs statuts pour assurer la régularité de leur fonctionnement ?

Les associations sans but lucratif recourront-elles aux canons des associations constituées pour la recherche d'un bénéfice ? L'art. 1 de la loi de juillet 1901 dit que la « convention d'association » est régie, quant à sa validité, par les principes généraux du droit applicables aux contrats et obligations, mais la « validité » s'entend de la constitution; une fois constituée par l'observation des art. 1108-1133 C. civ. (consentement, capacité, objet certain, cause licite), l'association ne trouve plus d'indication dans la loi de 1901. Or, tous les contrats : contrat de mariage, contrat de vente, contrat d'échange, contrat de louage, contrat de prêt, contrat de dépôt, etc., sont soumis à ces

le 1er janvier 1900 (V. l'excellente trad. avec notes par Bufnoir, Challamel, Drioux, Gèny, Hamel, Levy-Ullmann, Saleilles Paris, imprim. nationale, 1904, 4 vol. in-8 déjà parus), le titre 2 est consacré aux « personnes juridiques ». La question de droit public, c'est-à-dire celle de savoir à quelles conditions sera licite ou pourra être dissoute l'association, est réglée par les art. 1-3 de la loi spéciale du 19 avril 1908 (V. texte, Clunet (journal), nos I-II, 1909), mais la vie sociale des associations est organisée en détail par les art. 21-79 dudit Code civil allemand de 1900.

1. Cf. Clunet, *De la condition légale des Cercles avant et depuis la loi du 1er juillet 1901*. Paris (janvier 1902), no 77 et la note.

conditions générales et ils ont en outre leurs règles particulières.

Quelles sont les règles particulières du contrat d'association « sans but lucratif » ? Seront-elles fournies par les art. 1832-1873 du Code civil qui régissent « le contrat par lequel deux ou plusieurs personnes conviennent de mettre quelque chose en commun dans la vue de partager le bénéfice qui peut en résulter » (art. 1832 C. civ.), ou par le Code de commerce dont les art. 18 et s. stipulent pour les commerçants, ou par la loi du 24 juillet 1867, et ses complémentaires, qui organisent les sociétés par actions ? Le contrat d'association est-il un de ces contrats errants, sans dénomination propre, prévus cependant par l'art. 1107 C. civil, — et qui s'en vont frapper à la porte des contrats voisins, en quête de quelque grain juridique pour subsister ?

L'hésitation est permise [1].

Or la loi de 1901 ne dit point : si le contrat d'association doit être rédigé par écrit ; si la preuve testimoniale est admise ou non contre le contenu de l'acte ; si le contrat d'association peut être universel ou doit être particulier : quel est le point de départ de l'association ; quel est le traitement des apports et même s'il en peut exister [2] ; comment se règlent les rapports des associés entre eux et

---

1. Les Belges sont logés à la même enseigne (enseigne négative) pour le régime civil des Associations sans but lucratif. V. leurs controverses pour suppléer au silence de la loi, Vermeesch, op. cit. (1908), p. 60 et s.

2. La loi du 1er juillet 1901 est muette sur les apports ; mais la question est résolue dans le sens de l'affirmative pour les associations « déclarées » et les associations « reconnues d'utilité publique », par l'art. 15 du 1er décret du 16 août 1901. La matière des apports sera traitée dans le volume suivant.

les rapports des associés avec les tiers, notamment pour les dettes sociales ; quel est le gouvernement légal de l'association ; en quelle forme les résolutions sociales sont arrêtées ; si des assemblées générales doivent être tenues, quand et suivant quels rites ; si la majorité oblige la minorité et à quelles conditions ; quels sont les pouvoirs de l'associé délégué à l'administration, et quelle est sa responsabilité ; comment l'association prend fin ; si sa dissolution peut être demandée avant terme, pour quels motifs, et par qui ; comment il est procédé à sa liquidation ; quel est le sort de son actif, et à qui il incombe de supporter le passif ? etc., etc. [1].

Ces quesions sont vitales. La loi de 1901 n'y fournit pas de réponse. Le public en a besoin pourtant ; car il rencontre l'association dans toutes les manifestations de la vie du citoyen ou de l'homme privé. Aussi se retourne-t-il, impatient, vers le juriste. Il lui demande de le guider, de le fixer, et de mettre un terme à son incertitude. Son raisonnement est simpliste. A quoi bon les médecins, s'ils ne savent pas guérir ; les ingénieurs, s'ils sont impuissants à domestiquer les éléments ; les juristes, s'ils ne sont pas en mesure de donner des formules exactes pour vivre en société ?

C'est dans ces circonstances que nous nous sommes mis en route. Notre chemin était tracé. La première position à

---

1. Le Code civil allemand de 1900 contient des règles précises sur la plupart de ces points. V. notamm. art. 26-27 (direction) ; art. 31 (responsabilité), art. 32-37 (assemblées générales), art. 42 (faillite), art. 15 et s. (dévolution des biens, liquidation), art. 54 (application des lois sur les sociétés aux associations incapables), etc.

reconnaître était l'état du droit commun associationnel, avant la loi du 1er juillet 1901. Dès cette époque, il existait un nombre considérable d'associations « sans but lucratif », en règle ou non avec les art. 291 et s. du Code pénal ; les premières, parce qu'elles étaient composées de 20 personnes au plus ou administrativement autorisées ; les secondes, comme vivant en marge de cette réglementation. Mais les unes et les autres étaient sans régime civil ; car le législateur, dominé en cette matière par les préoccupations politiques, ne les avait envisagées que sous l'angle des pénalités ; pour le reste, il s'en était remis à la prudence des tribunaux. Les tribunaux avaient recueilli ces êtres moraux législativement abandonnés ; ils les avaient abrités dans de légères constructions juridiques, qui protégeaient, vaille que vaille, leur existence précaire [1].

---

1. Les tribunaux, avant 1901, avaient été amenés, par la force des choses, à reconnaître un caractère juridique au fonctionnement des associations mêmes illicites, telles que les Congrégations non autorisées. La théorie prétorienne de la « société de fait » leur en avait fourni le moyen. R. Loubers, *Essai d'une théorie générale des Sociétés de fait* (th.). Paris, Bonvalot-Jouve, 1908, p. 194 et s.

A fortiori, les Associations licites furent-elles admises au bénéfice de cet ingénieux expédient.

On voit les ressources que les Associations licites, mais civilement inorganisées, de la loi du 1er juillet 1901, puiseront dans ce passé jurisprudentiel. — Cf. infra, n° 1.

Il faudra aussi faire état :

1° De ce que les auteurs de la loi de 1901 proclament que, du point de vue du droit public, le droit d'association est de « droit naturel », infra, p. 507, note 8 ; p. 508, note 1 ;

2° De ce que les « civilistes » le proclament également : « Le contrat de société est un contrat du droit naturel, qui se forme et se gouverne par les seules règles du droit naturel ». Pothier, *Contrat de Société* (éd. Bugnet), IV. Paris, Cosse et Marchal, 1861, p. 242.

CLUNET. — Associations (*Plan de l'ouvrage*).   *

Dans cette période antérieure à la loi du 1er juillet 1901, les « associations de personnes », — pour employer le langage du législateur [1], — qui ont montré le plus d'activité civile furent certainement les associations d'agrément ou de divertissement.

Elles étaient importantes et nombreuses [2].

La double raison en est qu'elles répondent à l'un des besoins les plus impérieux de l'homme, le divertissement

[1]. Bien que consacrée par le législateur de 1901, la dénomination d' « associations de personnes » pour désigner les associations sans but lucratif, est une terminologie défectueuse ; nous en disons les raisons, infra, no 344.

[2]. En 1900, c'est-à-dire à une époque antérieure à la loi du 1er juillet 1901, et où conséquemment toute association non autorisée était illégale, on comptait officiellement en France 45.148 associations sans but lucratif, d'après l'un des tableaux affichés à l'Exposition universelle de 1900 par l'Office du Travail et dressé par les soins de M. Spire (apud Ch. Gide, *Économie sociale*, 1907. Paris, Larose, p. 41).

Parmi ces 45.148 associations, les associations de divertissement comptent pour presque la moitié, environ 20.000 : soit ; groupe 7, Associations de sports et jeux, 7.480 ; groupe 8, Associations musicales. Archives, 6.453 ; groupe 9, Cercles, 3.677 ; groupe 10, Associations diverses (militaires, compatriotes, etc.), 1.481.

Dans la décomposition de ces groupes, les Cercles arrivent en tête avec le chiffre de 3.677. Les associations les plus nombreuses sont ensuite les associations de cyclisme et d'automobilisme, 1.319 ; de tir, 1181 ; de colombophilie, et aérostation, 638 ; de gymnastique, 446 ; d'arc et arbalète, 435, de sports divers, 157.

Les sports ont été un heureux ferment pour le développement de l'esprit d'association.

« Pour reconquérir la liberté, les hommes doivent se rapprocher le plus possible les uns des autres ; ils doivent se grouper sous quelque prétexte que ce soit ; nos associations populaires du jeu de boules sont utiles ainsi que les autres associations de sports et de distractions ; elles réunissent, elles apaisent. » Aynard, député du Rhône, *Discours au banquet de Vaugneray*, Journ. des Débats, 30 septembre 1903.

— Cf. *Valeur sociale des sports*, le Patriote de Bruxelles, la Croix, 1er octobre 1908.

(V. infra, p. 1), et que leur fonctionnement entraîne une installation matérielle, des dépenses souvent considérables, et conséquemment un train d'affaires. Leurs plaisirs mêmes ont des conséquences qui agrandissent le champ de leur activité juridique. Un Cercle où l'on joue fera produire au droit associationnel des questions qui ne surgiront point dans une société de géographie ou de numismatique.

Nous avons donc examiné, parmi les associations sans but lucratif, d'abord des types très riches en observations juridiques, tels que les ASSOCIATIONS DE DIVERTISSEMENT et spécialement entre celles-ci, comme ayant la vie la plus organisée : *les Cercles et les Clubs* [1].

Nous en avons donné brièvement la définition et raconté sommairement l'histoire (nos 1-90); nous avons

---

1. Dans les temps modernes, c'est d'Angleterre que nous viennent les Clubs ou Cercles (v. infra, no 16).

Adde : « En Angleterre, depuis la corporation des moindres métiers qui s'assemble régulièrement, jusqu'aux grandes réunions publiques de Westminster, chaque individu fait partie de deux ou trois sociétés ; tout le monde a son Club comme ailleurs son café, sa loge au spectacle. Rousseau fait un grand éloge de cette manière de vivre en usage à Genève, en Suisse et en Hollande, et qui, en effet, a une grande influence sur l'esprit public et le sentiment de la patrie. Delolme (t. II, p. 188) le regarde comme une des plus belles parties des institutions anglaises ». Alexandre de la Borde, *De l'esprit d'association*, etc. Paris, Gide, 1834, in-8, p. 477.

— « J'étais dans un quartier de Londres où fleurissent les Clubs. Du 94 au 128 de Piccadilly j'en comptais dix : le Naval and Military, le Badminton, le Junior constitutionnal, l'Ithsmian, le Saint-James, le Savile, le Junior Athenæum, l'Automobile, le Cavalry, le Hyde Park, et j'en oublie parce que je ne les connais pas tous... Londres possède de 120 à 130 grands Clubs. » R. P., *Clubs* [anglais], le Temps, 5 juin 1904.

ensuite rappelé quel était, avant 1901, leur *régime administratif et pénal* (n°s 91-98). Et ici nous avons rencontré une de leurs principales distractions, le *Jeu*, ce qui nous a amené à traiter historiquement et juridiquement ce passe-temps, et à en marquer les répercussions sur les conditions légales des associations qui le pratiquent (n°s 79-245).

Ensuite, nous avons retracé le *régime civil* des associations de divertissement (n°s 246-337). C'est dans cette partie que nous avons indiqué les constructions juridiques édifiées par les tribunaux et auxquelles nous faisons allusion ci-dessus.

La loi de 1901 n'a pas enlevé à cette étude son utilité, au contraire. C'est à ces précédents qu'il faudra recourir pour trouver les règles de la vie civile des associations « déclarées » ou « non déclarées », puisqu'en 1901, comme auparavant, le législateur n'a pas eu le temps de s'en occuper.

Après avoir ainsi dégagé du passé ce qui continuerait à servir dans le présent, nous avons abordé LA LOI DU 1er JUILLET 1901 (328-343).

Quelques *critiques terminologiques* nous ont retenu un instant (n°s 344-351) ; le législateur n'évite pas toujours ce que Paul Pont, jurisconsulte consommé, appelait, dans sa rude franchise, « les perversions fréquentes de la langue de droit [1] ». Passant à la loi elle-même, nous avons indiqué les raisons objectives qui, pendant un certain temps, avaient *suspendu notre travail* (n° 352). L'œuvre du législateur de 1901 semblait devoir être retouchée et complétée

---

1. Paul Pont, conseiller à la Cour de cassation, *Commentaire-traité des sociétés civiles et commerciales*. Paris, Delamotte, 1872, p. 6.

à brève échéance. N'allait-on pas, du même coup, remanier la loi sur les associations professionnelles ou *syndicats*, fixer la *capacité associationnelle* et le *statut des fonctionnaires* (n°s 353-387) ? Nous avons attendu cette réforme générale ou partielle ; puis comme elle menaçait d'être indéfiniment ajournée, nous avons réassumé notre tâche (n°s 388-379).

Une fiction s'est présentée à notre esprit. On pouvait s'imaginer un législateur saisi du projet de loi gouvernemental sur le contrat d'association, qui aurait éprouvé l'impérieux désir d'approfondir cette matière de l'association si considérable par la multiplicité des sujets auxquels elle confine, et si intimement liée à l'évolution économique et politique de la société.

L'hypothèse n'était ni hardie, ni désobligeante. Il ne manque pas, dans le Parlement, d'esprits curieux et fortement préparés qui ne demanderaient pas mieux que de creuser une question, et qui la suivraient avec compétence dans ses ramifications les plus étendues, si l'exigence de l'expédition des affaires, et la diplomatie des scrutins ne leur enlevaient le loisir des spéculations, tout en leur en laissant le goût.

Nous avions, devant nous, le temps et l'indépendance. Nous avons donc procédé comme aurait pu le faire — et assurément beaucoup mieux — un Parlementaire qui aurait joui des mêmes avantages.

Le Parlementaire appelé, au seuil du xxe siècle, à introduire le droit associationnel dans notre droit positif avait à se demander tout d'abord à quelle sorte d'être moral sa toute-puissance législative allait donner le jour ?

Il se rencontrait, dès le début, avec un problème métaphysique, celui de *l'ontologie de la personne morale* (nᵒˢ 390-393) ; il subissait l'agréable contrainte d'avoir à se rendre compte des trois grandes théories en présence :

1º Théorie de la *personne morale, fiction légale* (nᵒˢ 393-407) ;

2º Théorie de la *personne morale réelle* (nᵒˢ 408-416) [1] ;

[1]. A l'opinion de Kant, dont la théorie réaliste de la personne morale se réclame (infra, p. 312, note 1), s'ajoute le point de vue des biologistes modernes sur les combinaisons chimiques qui ont déterminé la vie : « les éléments constitutifs restant les mêmes, il résulte, du fait de leurs rapports, des propriétés nouvelles, qui n'étaient pas à l'état embryonnaire dans les composants ». J.-M. Pargame, *Origine de la Vie*. Paris, Schleicher, 1908, p. 161.

« Une synthèse d'éléments renferme toujours quelque chose de plus que les éléments eux-mêmes et par là s'en distingue ». Ibid., p. 218.

Point de vue sociologiste : « La société n'est pas une simple somme d'individus, mais le système formé par leur association représente une réalité spécifique qui a ses caractères propres ». Durkheim, *Les règles de la méthode sociologique*, Revue philosophique, 1894.

Déjà, saint Thomas d'Aquin avait dit : « L'unité formée par ce tout qu'on appelle l'État ou la famille est une *unité de coordination* et non une unité simple. Chaque élément du tout social a son activité qui n'est pas celle de l'ensemble ; mais le tout lui-même a aussi comme tel une action qui lui est propre. » Comment. sur l'Ethique d'Aristote, l. I, apud J. de la Croix-Laurent, *Le Réalisme social*, etc., Rev. augustinienne, 15 sept. 1908, p. 360 et s. On trouvera aussi dans cette étude l'indication des opinions « nominalistes » de Tarde, Fouillée, Andler, etc., et des opinions « réalistes » de A. Comte, Espinas, Schœffle, Wagner, Schmoller, Wundt, Adam Muller, etc.

En zoologie, c'est précisément quand « une coordination entre toutes les volontés » de plusieurs individus s'établit, qu'une nouvelle individualité se forme. Edm. Perrier, *Les Colonies animales et la formation des organismes*. Paris, Masson, 1898, p. 767.

L'éminent naturaliste doit être rangé parmi les partisans de la personne morale réelle. Faisant allusion aux associations humaines, il écrit : « Un commencement de conscience sociale s'est développé et, avec elle, une *personnalité réelle* dans laquelle se confond en partie celle des citoyens », op. cit., p. 214.

Les juristes de l'ancienne école disaient : *Universitas distat à singulis.*

3° ¡Théorie de la *personne morale, fiction doctrinale* (n°s 417-440).

Les jurisconsultes, en labourant ces abstractions en tout sens, ont amené à la surface du terrain juridique toute une germination de concepts [1]. Le premier devoir de celui qui légifère sur le droit d'association est d'être familier avec cette flore idéologique.

Mais les jurisconsultes, dont les controverses renseignent et éclairent notre esprit, déclarent eux-mêmes rouvrir la dispute scolastique des Universaux. Dès lors, sous peine de n'entendre goutte à leur argumentation, et surtout de ne pas faire un choix conscient entre les théories qui sollicitent son suffrage, le législateur se voit obligé de se remémorer la célèbre *Querelle du Réalisme et du Nominalisme* et d'en reprendre l'histoire. Il a ainsi l'occasion de saluer, sous des habits anciens, les controverses philosophiques contemporaines (n°s 441-457)[2]. Insensiblement, il est ramené au XIIIe siècle ; il y jette un coup d'œil ; car, c'est par excellence *le grand siècle français*[3], dans tous les

Pothier, *Traité des personnes* (éd. Bugnet). Paris, Cosse et Marchal, 1861, t. I, p. 78.

1. Taine, écrivant à Gaston Paris, le 17 mai 1876 (*Taine, sa vie, sa correspondance*, IV, 1907, p. 7), parle de « personnalité civile mixte » pour les 4 Facultés réunies en corps universitaire. Le grand historien ne nous explique pas ses vues sur cette nouvelle personne morale.

2. V. le retour des controverses scolastiques entre les sociologistes, Jean de la Croix-Laurent, *Le Réalisme social*, etc., Rev. augustinienne, 15 sept. 1908, p. 360 — entre les naturalistes : « la longue dispute entre réalistes et nominalistes... dure toujours, bien que tout le monde la croit finie. » F. Houssay, prof. de zoologie à la Sorbonne. *Nature et Sciences naturelles*. Paris, Flammarion, 1900, p. 229.

3. Les savants allemands consentent à ne revendiquer le premier rang dans la civilisation humaine, pour le rameau germanique, que dans les

domaines [1] et notamment dans celui de l'association (n°s 457 *bis*-460).

En effet, les jurisconsultes l'ont déjà constaté : « C'est surtout le Moyen Age qui fut une époque prodigieuse d'associations [2]... le Moyen Age qui créa tout par l'association [3]. »

Aussi est-ce à cette époque que s'épanouit la plus puissante association que l'Occident ait produite depuis l'antiquité, l'association de l'Église catholique, « ce merveilleux monument du catholicisme romain [4] », appuyé sur les solides contreforts de ses associations monastiques [5] (n° 458).

D'ailleurs, la querelle des Universaux n'a pas un simple

temps modernes : « En se civilisant à l'envi, les deux grands rameaux de cette race [indo-germanique] se sont naturellement surpassés ; dans l'antiquité classique et le *Moyen Age* le premier rang fut occupé par le rameau roman (groupe gréco-italo-celtique) ; il l'est actuellement par le rameau germanique. » E. Haeckel, *Histoire de la Création naturelle* (trad. Dr Ch. Letourneau et Ch. Martins). Paris, Reinwald, 1874, p. 617.

1. Domaine de l'art : aux indications bibliographiques données infra, p. 359 ; p. 491, note 1. Adde : E. Renan, *L'Art du Moyen Age*, Mélanges d'histoire et de voyages. Paris, C. Lévy, 1878, p. 209-252.

2-3. Troplong, *Contrat de société*. Paris, Hingray, 1843, t. I, préface, p. VII et p. XI.

4. Ernest Haeckel, prof. à l'univ. d'Iéna, *Les Merveilles de la vie*. Paris, Schleicher, 1905, p. 340.

Cf. infra, p. 367, à la note ; p. 369, à la note ; p. 449, note 1 ; p. 513, à la note.

5. V., sur la floraison des associations monastiques au Moyen Age, infra, p. 367, à la note ; p. 372, note 4 ; p. 474, note 2 ; p. 478, note.

Adde : R. P. Dom J.-M. Besse, *Les Moines de l'ancienne France*. Paris, Poussielgue, 1908. *Archives de la France monastique*, par les Bénédictins de Ligugé, abbaye de Saint-Martin, Chevetoyne par Leignon (Belgique). — *Revue Mabillon* (dir. Dom J.-M. Besse). Paris, Poussielgue, 1905-1908 ; à noter dans la 1re année (1905) et 2e (1906), étude du R. P. Dom Besse, *L'Ordre de Cluny et son gouvernement* (recomm.).

intérêt philosophique ; elle touche aux *drames de l'histoire* dans une société fondée sur la foi comme celle du Moyen Age [1] et elle conduit à réfléchir sur ceux qui agitent l'histoire moderne (n⁰ˢ 460-478 *quater*).

A voyager à travers les concepts philosophiques, le législateur n'a pas perdu son temps ; d'illustres exemples parlementaires l'encouragaient à l'employer ainsi. *L'étude de l'histoire, de la philosophie, des religions* sont indispensables à celui qui a la charge de connaître et de résoudre les problèmes contemporains, notamment ceux que soulève la *liberté d'association* (n⁰ˢ 479-486).

Aussi de quelle utilité n'est-ce pas pour le législateur soucieux de pénétrer la raison du fait associationnel, que de l'observer dans ses origines médiates et immédiates.

Au point de vue associationnel, le xxᵉ siècle, *mutatis mutandis*, tend à renouer la tradition du xiiiᵉ. Dès lors, les *modalités qu'a revêtues l'association dans ce passé* qui se réveille en se transformant, méritent de retenir l'attention (n⁰ 487). Ces modalités, on les observera dans les institutions ecclésiastiques, séculières et régulières (n⁰ˢ 488-491), dans les institutions laïques, telles que les Communes, les Corporations, etc. (n⁰ˢ 492-497). Les Confréries et les innombrables associations religieuses [2] qui ont joué si longtemps un rôle considérable autour des associations professionnelles et ont réglé

---

1. Aux indic. bibliogr. sur l'Inquisition, p. 398, note 1, adde : Th. de Cauzons, *Les Origines de l'Inquisition*. Paris, Bloud, 1908, in-8⁰.

2. « Il est difficile de se faire une juste idée du nombre et de la variété des associations religieuses qui se mirent à pulluler au xiiiᵉ siècle... » Paul Sabatier (auteur de la Vie de saint François d'Assise), *Regula antiqua fratrum et sororum de pœnitentia, seu tertii Ordini Sancti Francisci*. Paris, Fischbacher, 1901, p. 4. — Cf. infra, notes p. 367, p. 396.

jusqu'à leurs divertissements [1], valent également la peine qu'on s'y arrête (n°s 497 *bis*-499 *bis*).

C'est la fin du Tome premier ; il s'achève sur quelques observations générales relatives à la liberté qui doit appartenir aux individus, dans les limites largement entendues de l'ordre public, de savoir ce qu'ils peuvent, de croire ce qu'ils veulent, et d'organiser leur vie matérielle en conformité de leurs croyances ; car s'il convient que les croyances demeurent exposées à la contradiction [2], il importe à l'indépendance de toutes qu'elles échappent à la contrainte [3] (n° 499 *ter*).

Dans le Tome second (en préparation), le législateur, en poursuivant ses investigations dans le passé pour mieux dominer son sujet dans le présent, s'arrête quelque temps aux anciennes Confréries, à raison de l'importance de leur rôle social ; il en reconnaît la fécondité et l'influence dans les ressorts religieux, charitables, artistiques et litté-

---

1. V. Fournel, *Les Spectacles populaires*. Paris, Dentu, 1863 (les Corporations et les Confréries), p. 1-68.

2. « Même lorsqu'on répudie des idées, il ne faut jamais les traiter par des négations hautaines ou par des affirmations intrépides », Déclarations de M. Viviani, ministre du travail, au nom du gouvernement, approuvées p. Ch. des Députés, 2e séance du 23 octobre 1908 (Journal officiel, 24 oct. Députés, p. 1880, col. 2).

3. « Difficulté terrible. Établir une contrainte pour faire respecter la liberté, et une machine de contrainte qui, dans la meilleure hypothèse, ne représentera jamais que la volonté d'une majorité. On ne peut la résoudre qu'en réduisant au minimum le domaine où s'appliquera cette machine ». Taine, *Note générale sur le droit*. Taine, sa vie et sa correspondance. Paris, Hachette, IV, 1907, p. 357.

Cf. Edmond Picard, la protection-contrainte, *Le Droit pur*. Paris, Flammarion, 1908, p. 30-40.

raires ; il en constate la disparition momentanée, puis la survivance ; il en relève la condition juridique jadis et aujourd'hui, et note que, par un retour imprévu des choses, elle s'est améliorée dans l'âge actuel.

On retirerait un profit incomplet de l'étude du fait associationnel, et de son évolution historique, si on ne le suivait pas dans sa manifestation la plus décisive pour le temps où nous vivons. De là, l'intérêt d'en observer *la courbe dans l'association professionnelle* depuis son point de départ médiéval, où elle s'appelle la Corporation, jusqu'à son aboutissement actuel, le Syndicat. L'ambition, il est vrai, lui est venue en route : l'association professionnelle, quand elle s'intitule le syndicalisme, ne tend plus seulement à se ménager une place dans la Cité, mais à jeter celle-ci par terre pour la rebâtir, étincelante de lumière et de justice, sur des plans encore mal arrêtés (Cf. infra, p. 238 et s.)[1].

1. Adde : Ordre du jour adopté au Congrès corporatif d'Amiens (sept. 1906). « Le Congrès confédéral... l'œuvre du Syndicalisme : il prépare l'émancipation intégrale qui ne peut se réaliser que par *l'expropriation capitaliste* ; il préconise comme moyen d'action *la grève générale*, et il considère que le *syndicat*, aujourd'hui groupement de résistance, sera, dans l'avenir, le groupe de production et de répartition, base de *réorganisation sociale* ». P. Delesalle, *Les Partis politiques et les syndicats ouvriers*, Almanach de la Révolution illustré, 1908. Paris, 46, rue M.-le-Prince, p. 33.

Contra : « Le Syndicat est un groupement de lutte ; il peut préparer la révolution, aider à sa réalisation, il lui est impossible, sans changer de nature, de devenir le berceau d'une société communiste. Il serait alors un groupement producteur et ne serait plus un groupement syndical ». *Les Anarchistes et les syndicats*. Paris, 1898. Les Temps nouveaux (de J. Grave), p. 28.

— Un sans-patrie (G. Hervé). *Après l'alerte*, la Guerre sociale, 11-17 nov. 08 : « Syndicalistes, nous n'oublions pas que la besogne essentielle de la C. G. T. c'est non la propagande antimilitariste et antipatriotique

Après avoir ainsi étudié, comparé, médité, le législateur a édicté *la Loi du* 1er *juillet* 1901, qui constitue présentement le droit commun associationnel.

mais l'organisation des masses ouvrières en vue d'arracher de haute lutte au Patronat des améliorations quotidiennes, en attendant qu'on puisse lui arracher les instruments du travail qu'il détient. »

— Nous avons réuni un grand nombre de documents originaux sur l'activité de l'association professionnelle dont la manifestation la plus virulente est actuellement le mouvement syndicaliste. Nous y aurons recours ultérieurement en étudiant la structure juridique des syndicats.

On trouvera, en attendant, des indications bibliographiques sur ce sujet, infra, p. 241 ; p. 498.

Parmi les récentes études sur le mouvement syndicaliste, à signaler : L. Duguit, *Le Droit social, Le Droit individuel*, etc. (critique du syndicalisme révolutionnaire, etc.). Paris, Alcan, 1908, in-12, p. 103 et s.

F. Challaye, *Syndicalisme révolutionnaire et syndicalisme réformiste.* Paris, Alcan, 1909, in-12.

Mermeix, *Le Syndicalisme contre le Socialisme.* Paris, Ollendorff, 1908, in-12.

L. de Seilhac, *Le Syndicalisme révolutionnaire et la confédération générale du Travail.* Le Correspondant, 25 juin 1908.

P. Leroy-Beaulieu, *Le Syndicalisme*, Revue des Deux-Mondes, 1er août 1908, p. 48 et s.

H. de Larègle, *La Confédération générale du travail* (l'organisation des troupes, l'état-major, le budget). Le Correspondant, 25 septembre 1908.

Paul Louis, *Le Syndicalisme et la C. G. T.*, Revue bleue, 24 octobre 1908, p. 526.

E. Buisson, *Le Parti socialiste et les Syndicats.* Cahiers de la quinzaine. Paris, 3 nov. 1907.

M. Leclercq et Girod de Fléaux, *Ces messieurs de la C. G. T.* Paris, Ollendorff. 1908, in-12.

G. Bouglé, *Syndicalisme et démocratie.* Paris, Cornély, 1908.

Consulter : Victor Griffuelhes, secrétaire de la C. G. T., *Romantisme révolutionnaire*, Le Mouvement socialiste, 15 octobre 1908, p. 293. — Édouard Berth, *Les Nouveaux aspects du Socialisme.* Paris, Rivière, 1908. — G. Yvetot, *A. B. C. syndicaliste.* Paris, 1908. — A. Loyau, *L'Action corporative et révolutionnaire du Syndicat* (tribune syndicale), L'Humanité de J. Jaurès, 28 octobre 1908. — M. Pierrot, *Syndicalisme et révolution.* Paris, La publ. sociale, 1908. — A. Luquet, *Vertige et illusion* (tribune syndicale), L'Humanité, 8 nov. 1908. — A.-J. Cleuet. *La Crise du syn-*

Nous en entreprendrons l'exégèse.

Notre recherche s'exercera sur les trois catégories d'associations établies par la loi nouvelle : les associations *non déclarées* (êtres hybrides intéressants, auxquels le législateur a fait le don contradictoire de l'existence et de l'incapacité), les associations *déclarées* les associations *reconnues d'utilité publique*. Nous aurons à dégager les conditions de

dicalisme. L'Humanité de J. Jaurès (tribune syndicale), 9 nov. 1908. — J. Latapie, *Réalités*. L'Humanité (tribune syndicale), 15 nov. 1908. — Rosa Luxembourg, *La Grève en masse, le Parti et les Syndicats*. Le Socialiste, 8-15 nov. 1908.

— Plusieurs propositions législatives sont pendantes devant la Chambre des Députés tendant à modifier la législation relative aux associations professionnelles, et notamment la loi du 21 mars 1884 sur les syndicats (V. infra, p. 263, note 1).

Notre confrère L.-L. Klotz, député, a déposé à la séance du 15 oct. 1908 de la Chambre des Députés (no 2050), une proposition de loi tendant à étendre les dispositions de la loi sur les syndicats professionnels. Cette proposition organise et régularise les « trois paliers » associationnels, sous les dénominations : Syndicat professionnel (groupement élémentaire), Union des Syndicats professionnels (groupement régional), Fédération nationale du Travail (groupement central) ; elle accorde aux syndicats le droit d'acquérir sous toutes les formes et de faire des actes de commerce.

Notre confrère Millerand, député, est aussi partisan de l'extension capacitaire des syndicats professionnels (V. Discours au Cercle Voltaire de Bordeaux, 7 nov. 1908, Journ. Débats, 9 nov., p. 3, col. 1).

Cette modification permettrait aux groupements de travailleurs de constituer, comme ils le souhaitent, des « Associations d'ouvriers inventeurs », pour prendre, posséder et exploiter des brevets (la Voix du peuple, 8-15 novembre 1908, p. 4), ce que l'état actuel de la loi n'autorise pas.

V., sur les idées essentielles de la proposition Klotz, X. *Les Libertés syndicales*, Journal des Débats, 23 octobre 1908 ; X. *Le Mouvement syndicaliste en France*, ibid., 3 novembre 1908. — Ch. Desplanques, *Syndicalisme gouvernemental* (critique de la proposition, comme secondant le syndicalisme réformiste contre le syndicalisme révolutionnaire), les Temps nouveaux, de J. Grave, 7 nov. 1908, p. 3.

leur naissance, les règles de leur fonctionnement, les conséquences de leur dissolution.

Mais, nous l'avons vu, l'œuvre du législateur de 1901
n'est pas un nouvel édifice complet, harmonieux, se suffi-
sant à lui-même ; c'est un corps de bâtiment ajouté à
d'anciennes constructions. Le droit commun, frais émoulu,
coexiste avec les droits particuliers antérieurs.

Aussi, après avoir étudié les associations de droit commun, passerons-nous à l'examen des *associations à statut
spécial* : associations syndicales de propriétaires, associations
d'enseignement, sociétés de secours mutuels, syndicats professionnels[1], congrégations religieuses, associations cul-

---

1. La puissance de protection des syndicats professionnels de la loi du
21 mars 1884 a été sensiblement augmentée par la loi du 5 août 1908
modifiant l'art. 11 de la loi du 1er août 1905 sur la répression des fraudes
dans la vente des marchandises et des falsifications des denrées alimen-
taires et des produits agricoles, dont l'art. 2 permet aux « syndicats intéressés d'exercer sur tout le territoire de la France et des colonies les droits
reconnus à la partie civile ».

Une même disposition avait été consacrée par l'art. 9 de la loi tendant
à prévenir le mouillage des vins et les abus du sucrage du 29 juin 1907.

C'est un acheminement vers la désirable introduction dans le droit
positif de la répression par les collectivités ou associations.

« La décadence rapide de l'efficacité du ministère public est signalée
de toutes parts... il y aurait lieu, dans ces conditions, de développer de
plus en plus le système de la poursuite pénale par l'association »,
J. Escarra, *Recours juridictionnels exercés par les syndicats*. Paris, Rousseau, 1907, p. 127.

Cf. H. Joly, *Les Associations et l'État dans la lutte contre le crime*,
Rev. de Paris, 11 décembre 1894. — Discussion entre MM. P. Nourrisson, Leloir, Joly, Larnaude, Greffier, G. Brot, F. Martin, Bull. Société
gén. des prisons, mars-avril 1896, p. 510 et s. — P. Nourrisson, *L'Association contre le crime*, 1901. — Garraud, *Instruction criminelle*. Paris,
Larose, t. I (1907), p. 258 et s. ; p. 263 ; p. 267 et s.

Aujourd'hui, le système de la poursuite des actes criminels par des
associations a de fortes « amorces », non plus seulement dans la juris-

tuelles, sociétés coopératives de consommation [1], syndicats agricoles [2], etc., etc.

L'ouvrage se terminera par des *Annexes* qui réuniront les textes les plus utiles à consulter sur la matière. En outre des Tables méthodiques placées à la fin de chaque tome,

prudence (Garraud, ibid., p. 263), mais, comme on vient de le voir dans la loi (L. du 29 juin 1907 et du 5 août 1908, promulguées depuis le livre de Garraud).

Avant ces lois très récentes, il n'y avait qu'une disposition légale faisant exception au principe qu'il appartient seulement à la personne lésée d'exercer l'action civile née d'un délit. L'art. 123 de la loi du 15 mars 1849 permet à tout électeur de se porter partie civile en vue de poursuivre les délits électoraux commis dans sa circonscription et d'intervenir dans la poursuite (Garraud, ibid., 1907, p. 269; Laborde, Rev. critique, 1895, p. 167). Cette disposition contient en germe une conception de l'action civile voisine de celle qui confierait la poursuite répressive aux collectivités.

1. Les sociétés coopératives de consommation, qui ne vendent qu'à leurs membres, sans chercher à réaliser des bénéfices sur les tiers, sont-elles des *sociétés* ou des *associations*, suivant l'acception antithétique que l'usage a donnée à ces deux termes? (V. supra, Plan, page B).

Nous croyons qu'elles rentrent dans la catégorie des *associations sans but lucratif*. En ce cas, « les bénéfices distribués aux associés ne constituent, en réalité, qu'une économie sur le prix d'achat qu'aurait payé l'associé, s'il avait acheté individuellement. » C. Sirey, *De l'annexion des sociétés coopératives de consommation aux syndicats professionnels*, Revue des sociétés, 1908, p. 417. — Cf. Poidebard, même Revue, 1906, p. 333 et s.

A ces groupements, il conviendrait de maintenir la dénomination d'« associations » coopératives et non de « sociétés » coopératives.

Cette confusion terminologique est fréquente dans la littérature spéciale; exemples : F. Clavel, *Guide des* « sociétés » *coopératives de consommation*. 4e éd. Paris, siège du comité central, 1, r. Christine, 1901; Ch. Gide, *Les* « sociétés » *coopératives de consommation*. Paris, Colin, 1904.

Nos confrères M. Lecaisne et Hubert Valleroux ont évité cette faute : M. Lecaisne, constitution de « l'association » coopérative, *La Coopérative de consommation*. Paris, 2e éd., Soc. d'ét. scientif., 1899, p. 51. — P. Hubert-Valleroux, *Les Associations coopératives*.

2. A consulter, sur les syndicats agricoles, *Rapports au Congrès internat. des Syndicats agricoles et associations similaires* (Paris, 1900). Agricul-

des Tables générales faciliteront les recherches : Table
alphabétique et analytique des matières, Table onomas-
tique ou des noms cités, Table bibliographique.

La publication successive des volumes nous permettra
de faire état des modifications qui pourraient intervenir
dans la législation générale ou spéciale des associations

Édouard CLUNET.

teurs de France. Paris, 8, r. d'Athènes, 1900. On remarquera que le
mot Association y a été employé avec exactitude : l'association pour
les achats (p. 30), l'association pour la vente (p. 49-67), l'association
de travail et de production (p. 82), l'association pour la production
animale (p. 91), l'association dans la viticulture (p. 100), etc.

M. Jos. Manneback, chef du cabinet du Ministre de l'agriculture de
Belgique, y a donné (p. 277) une bonne notice sur « l'association professionnelle agricole ». En passant, il indique que la *vis sociativa* est très
active en Belgique (trois Belges, à leur troisième rencontre, décident
de s'associer) : « les Associations scientifiques, les Cercles d'agrément y
sont aussi nombreux que la postérité d'Abraham » (p. 278).

M. Ruau, ministre de l'Agriculture, en juin 1908, a déposé un projet
de loi limité à la situation des Syndicats agricoles, à la suite de l'arrêt de
la Cour de cassation du 29 mai 1908 (cité supra, p. G, à la note) qui avait
refusé de reconnaître aux syndicats agricoles le droit d'organiser au profit
de leurs membres un service d'achat et de vente de marchandises utiles
à l'agriculture, telles que articles de quincaillerie et de ménage, etc. (V.
Exposé de motifs et texte du projet, Revue des sociétés, 1908, p. 398 et
s. — V. articles de nos confrères, J. Vavasseur, ibid., 1908, p. 369, et
C. Sirey, ibid., p. 418).

Paris, novembre 1908

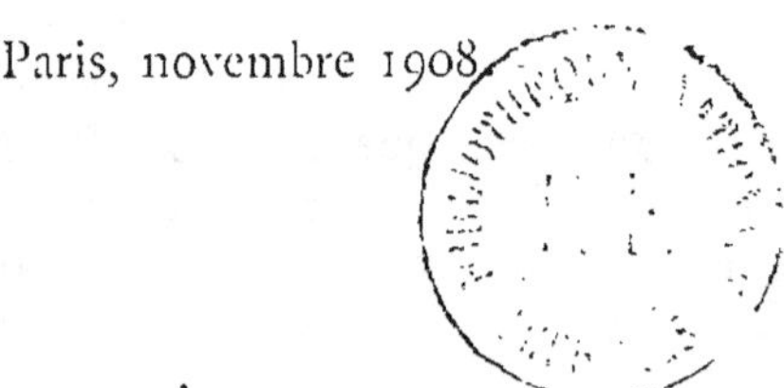

MACON, PROTAT FRÈRES, IMPRIMEURS

JOURNAL

DU

DROIT INTERNATIONAL PRIVÉ

ET DE LA JURISPRUDENCE COMPARÉE

TRENTE-HUITIÈME ANNÉE (1874-1911)

FONDÉ EN 1874 ET PUBLIÉ PAR

Edouard CLUNET

Avocat à la Cour de Paris

AVEC LA COLLABORATION D'UN GRAND NOMBRE DE JURISCONSULTES
FRANÇAIS ET ÉTRANGERS

Le *Clunet*, fondé, il y aura bientôt quarante ans, en 1874, constitue aujourd'hui une publication d'une valeur exceptionnelle. Il compte des collaborateurs et des lecteurs sur tous les points du globe où la culture européenne a pénétré. L'estime des jurisconsultes, dans les Cours de justice comme dans les Universités, a récompensé l'effort tenté et les résultats obtenus, en plaçant le Journal au rang des meilleures publications juridiques des deux mondes.

Orienté vers les besoins de la pratique, le « Clunet » est devenu le guide autorisé auquel recourent les hommes de loi de tous les pays, les agents diplomatiques ou consulaires chaque fois qu'ils rencontrent dans l'exercice de leur profession une difficulté résultant des relations internationales en toutes les branches du droit, *civil* ou *pénal*, *commercial* ou *maritime*, *diplomatique* ou *consulaire*, *littéraire*, *artistique* ou *industriel*.

Toutes les matières du droit international sont de son domaine, du moment qu'elles touchent aux intérêts privés.

Sa collection forme un *thesaurus* de droit international unique, dont les richesses accumulées depuis près de quarante ans sont d'un accès aussi facile que rapide, grâce aux TABLES GÉNÉRALES, qui constituent un véritable **Répertoire pratique de droit international.**

Aucun sacrifice ne nous coûtera pour perfectionner sans cesse notre œuvre, et la maintenir à la première place.

Le Journal est maintenant assez connu pour qu'il suffise de rappeler le cadre de son activité :

1° **Articles de fond** sur les questions théoriques et pratiques les plus importantes soulevées par les relations internationales. — Pendant sa longue publication, le Journal a étudié les principales questions qui se présentent dans ce domaine.

2° **Analyses et extraits** d'études théoriques et pratiques consacrées au droit international et publiées dans les Monographies, Revues, Périodiques, etc...

3° **Questions et solutions pratiques du droit international privé.** — Examen des difficultés de nature contentieuse qui intéressent particulièrement les praticiens.

Clunet. — Les Associations au point de vue historique et juridique, I (1909), un v. in-8 1-11

LE TOME II EN PRÉPARATION

Nous ne nous sommes pas borné à établir le catalogue trentenaire des documents aussi rares que nombreux de la collection du « Clunet ».

Notre plan s'est singulièrement élargi : nous avons augmenté les Tables générales de plusieurs Répertoires nouveaux et de toute une série de Documents usuels concernant le droit international.

De là le présent ouvrage en 4 très forts volumes in-8, qui forme un véritable **Répertoire pratique de Droit international**.

Pour faciliter les recherches et permettre d'atteindre, sous les formes les plus diverses, le document ou le renseignement désiré, les quatre Tomes des TABLES GÉNÉRALES sont divisés en une série de *quinze* tables différentes, dont les principales sont :

Tome I. — Noms des parties (p. 1-268).
Chronologique (p. 269-321).
Articles et cp^tes rendus par noms d'auteurs (p. 269-312).
Questions et solutions pratiques : cas contentieux (p. 313-321).
Bibliographie systématique, travail nouveau embrassant toute la littérature du droit international, environ 10.000 numéros avec les doubles (p. 323-392).
Table de la Bibliographie systématique (p. 993-1017).

Tome II. — Actes et traités internationaux concernant les rapports des différents États : *a*) actes entre plusieurs États ; *b*) actes entre deux États (p. 1-48).
Texte des Actes et Traités usuels (p. 49-478).
Table-répertoire des Actes et Traités intéressant les rapports de la France avec tous les pays et en toute matière (p. 479-1045) ; Annexes et Suppléments (p. 1046-1150).

Tome III. — Analytique et alphabétique des matières des 30 vol. de la collection et de la presque totalité des 31e et 32e années (très détaillée), avec indications complémentaires de Bibliographie et de Législation sous chaque mot (Lettres **A-E**) (p. 1-1127).

Tome IV. — Analytique, etc. (Lettres **L-Z**) (p. 1-1076).
Table des mots de la Table analytique (2410 mots) (p. 1077).
Table des Tables générales (p. 1127).

Tous les dix ans les TABLES GÉNÉRALES du « Clunet » seront complétées par un volume additionnel.

Les SECONDES TABLES GÉNÉRALES (1905-1915) sont sur le chantier.

Nos souscripteurs sont donc assurés d'avoir à leur disposition le **Répertoire pratique de Droit international** le plus riche, le plus facile à consulter, et le mieux tenu au courant qui existe sur la matière.

COLLECTION ÉCONOMIQUE à prix réduits : les 20 derniers volumes.................................... **120 fr.**

Port en sus.

Ces avantages exceptionnels ne sont offerts que temporairement.

CLUNET. — Les Associations au point de vue historique et juridique
I (1909), un vol. in-8, **7** fr. **50**
Cet ouvrage, édité avec luxe, a été tiré à petit nombre.
Le Tome II en préparation.

MARCHAL ET GODDE, libraires de la Cour de cassation,
27, place Dauphine, à Paris.

MACON, PROTAT FRÈRES, IMPRIMEURS

Clunet. — Les Associations au point de vue historique et juridique. I (1909), un vol. in-8.
LE TOME II EN PRÉPARATION

OUVRAGES DU MÊME AUTEUR

Chez MM. Marchal et Godde, éditeurs, 27, place Dauphine, à Paris.

Journal du Droit international privé (Clunet) (1874-1911), 38 vol. in-8, avec tables annuelles, un an : 22 fr.

Tables générales du Clunet, 1874-1905 (Répertoire pratique de droit international), 4 très forts vol. in-8, 1906 : 100 fr.

Questions de droit relatives a l'Exposition internationale de 1878. In-8.

Concordance des résolutions du Congrès de la propriété artistique, avec les dispositions déjà admises dans les Congrès, la législation et les traités diplomatiques des principaux pays. In-8, 1879.

État actuel des relations internationales avec les États-Unis en matière de marques de fabrique. In-8, 1880.

Du défaut de validité de plusieurs traités diplomatiques conclus par la France avec les Puissances étrangères (2e édit.), 1880.

Un étranger peut-il pratiquer une saisie-arrêt en France contre un Français ? In-8, 1882.

Offenses et actes hostiles commis par des particuliers contre un État étranger (2e édit.). In-8, 1887.

Questions de droit relatives a l'incident franco-allemand de Pagny (affaire Schnœbelé). In-8, 1887.

Étude sur la Convention d'union pour la protection des œuvres littéraires et artistiques. In-8, 1887.

La question des Passeports en Alsace-Lorraine. In-8, 1888.

Incident du Consulat de France a Florence. In-8, 1888.

Abordage du navire de commerce français « La Ville de Victoria » et du cuirassé anglais « Le Sultan ». In-8, 1888.

Questions de droit maritime international. In-8, 1898.

La condition légale des Cercles. In-8, janvier 1902 (épuisé).

———

Les Associations au point de vue historique et juridique, tome I (1909), 1 vol. in-8º, 520 pages.

———